AF264051

# LA
# JUSTICE ALLEMANDE

ET

## L'ÉVÊQUE DE NANCY

---

### LETTRE PASTORALE DE M<sup>gr</sup> FOULON

A L'OCCASION DU COURONNEMENT SOLENNEL DE LA STATUE

DE LA SAINTE VIERGE

VÉNÉRÉE DANS LE SANCTUAIRE DE N.-D. DE SION

---

## PARIS

AUX BUREAUX DE LA *SEMAINE RELIGIEUSE*

5, PLACE DU PANTHÉON, 5

ET DANS TOUTES LES LIBRAIRIES RELIGIEUSES

—

1874

L J 57
Lb 4862

# LA
# JUSTICE ALLEMANDE
## ET
## L'ÉVÊQUE DE NANCY

Mgr l'évêque de Nancy avait obtenu du Saint-Père, au mois de mai 1870, l'autorisation de couronner solennellement une statue de la très-sainte Vierge, vénérée dans le pèlerinage le plus célèbre de la Lorraine, à Sion, lieu du diocèse de Nancy qui confine aux Vosges et faisait autrefois partie de l'ancien comté de Vaudémont. La cérémonie devait se faire le 14 septembre de la même année 1870. La guerre et l'occupation étrangère la firent ajourner jusqu'en 1873. Mgr Foulon crut que le moment de l'évacuation du territoire était le mieux choisi pour procéder enfin à la célébration d'une fête si longtemps différée et impatiemment attendue. En conséquence, le 26 juillet 1873, il adressa au clergé et aux fidèles de son diocèse une lettre pastorale qui fut lue en chaire, le dimanche 3 août, même dans les parties de son diocèse annexées à l'Allemagne. Dans cette lettre, il faisait l'histoire du pèlerinage et annonçait que les fêtes du couronnement seraient célébrées le 10 septembre suivant. Ce qui eut lieu en effet avec un immense concours de pèlerins et la présence de tous les évêques de la province de Besançon, sans en excepter ceux de Metz et de

Strasbourg. Il ne parut nulle part que l'acte épiscopal de Mgr Foulon, cet acte si distingué dans la forme et si mesuré dans l'expression des sentiments patriotiques qu'il contient, ait troublé les populations ainsi qu'on l'a prétendu plus tard, ce qui a été le motif des procès intentés successivement par la Prusse à un grand nombre (1) de curés du diocèse de Nancy et finalement au vénérable évêque.

L'affaire a fait tant de bruit et le Mandement cité, par fragments, dans tous les journaux a tellement occupé l'opinion que nous avons cru devoir répondre à un désir général en en publiant une édition complète. Nous avons obtenu à cet effet l'autorisation du vénérable prélat qui nous a permis de souligner les passages incriminés par la police allemande.

L'acte de l'évêque de Nancy n'avait jamais prétendu aux honneurs de la publicité étendue qui lui a été faite ni à l'importance légitime qu'il a acquise. C'est grâce aux Prussiens qu'il est devenu un document appartenant désormais à l'histoire.

Sa récente condamnation à deux mois de forteresse et aux frais du procès prononcée, par défaut, contre le vénérable prélat, par une juridiction incompétente donne à ce remarquable Mandement de Sion un intérêt et une actualité de plus.

Le verdict unanime de l'opinion a amplement vengé Mgr Foulon de l'étrange sentence du tribunal de Saverne. Aussi nous mettons avec confiance, sous les yeux du public, le dossier complet de l'affaire. Il pourra le juger en connaissance de cause et se convaincre qu'on a eu raison de dire que dans tous les actes de cet invraisemblable procès : assignation, réquisitoire, jugement, l'odieux le dispute au ridicule.

(1) 40 furent cités, 38 comparurent, 12 furent acquittés et 26 condamnés à sept ou quatorze jours de forteresse. Un d'eux même se vit infliger trois mois de cette peine. Déjà, quelques jours auparavant, le curé de Lixheim avait été condamné pour le même fait à deux mois de prison.

# INSTRUCTION PASTORALE

## ET

# MANDEMENT

### DE Mgr L'ÉVÊQUE DE NANCY ET DE TOUL

### A L'OCCASION DU COURONNEMENT SOLENNEL DE LA STATUE DE LA SAINTE VIERGE

#### VÉNÉRÉ DANS LE SANCTUAIRE DE N.-D. DE SION

JOSEPH-ALFRED FOULON, par la miséricorde divine et la grâce du
Saint-Siége Apostolique, évêque de Nancy et de Toul, Primat de
Lorraine, Assistant au trône pontifical, etc.

Au Clergé et aux Fidèles de notre Diocèse, salut et bénédiction en
N.-S. J.-C.

Nous pouvons enfin, Nos Très-Chers Frères, réaliser le pieux dessein que nous avons formé depuis plus de trois ans, le dessein d'honorer, d'une façon particulière, le sanctuaire de Notre-Dame de Sion, et de donner à la dévotion séculaire de la Lorraine pour notre antique pèlerinage l'encouragement qu'elle ambitionnait depuis si longtemps.

Notre Saint-Père le Pape daignant agréer une demande que nous avions déposée à ses pieds dans l'audience particulière du 27 Mars 1870, nous avait permis, par un privilége d'autant plus précieux qu'il est plus rare, de couronner solennellement la statue de la T.-Ste Vierge vénérée à Sion. Sur nos indications et l'expression de notre humble désir, Sa Sainteté avait fixé la cérémonie au 15 septembre suivant, c'est-à-dire, à l'Octave de la fête de la Nativité de la sainte Vierge, sous la réserve néanmoins que cette date pourrait être modifiée suivant les circonstances. Hélas! nous ne prévoyions pas alors à quel point cette précaution nous deviendrait nécessaire. Les désastres de la guerre, les tristesses de l'occupation, nos angoisses patriotiques ne nous ont pas permis, en effet, pendant les trois années qui viennent de s'écouler, de profiter de la faveur accordée par le Souverain-Pontife.

**Aujourd'hui que les armées étrangères ont enfin quitté le territoire de ce diocèse et qu'elles s'apprêtent à évacuer les derniers postes qu'elles retiennent en France, il est possible et permis, non point, sans doute, de se livrer à la joie; le souvenir de la Patrie mutilée et de l'Eglise en deuil, nous interdira**

longtemps un sentiment de cette nature, mais du moins, d'accomplir enfin les solennités religieuses différées jusqu'à ce jour et de porter à Sion, nos douleurs, nos vœux et nos indomptables espérances (1).

Nous venons donc vous annoncer, N. T.-C. F., que la cérémonie du couronnement de la statue de Notre-Dame de Sion se fera le Mercredi 10 Septembre prochain, c'est-à-dire dans l'Octave de la Nativité de la T.-S^te Vierge. En prévision de cette date que vous connaissez déjà, votre piété s'est émue, et de toutes parts vous vous apprêtez, nous le savons, à donner à cette fête une pompe inusitée. Soyez bénis, N. T.-C. F., de ces dispositions ! Ce n'est pas le simple désir de satisfaire une curiosité d'ailleurs légitime qui vous poussera sur les chemins de Sion; grâce à Dieu, vous apporterez à cette solennité de tout autres dispositions. Vous voudrez vous associer au réveil de l'esprit de prière qui se manifeste en France à l'heure qu'il est par une série de faits prodigieux en dehors de toutes les prévisions, au-dessus de tous les calculs. Vous voudrez avoir votre place dans ces croisades pacifiques qui ne sont, quoi qu'on en ait dit, ni un péril, ni une menace pour personne. Vous voudrez ne point rester étrangers à ce concert de supplications solennelles qui s'élèvent de tous côtés pour demander à Dieu la délivrance de N. S.-P. le Pape, la prospérité de l'Eglise et le salut de notre chère Patrie. Vous voudrez enfin avoir votre part des bénédictions et des grâces spirituelles que Pie IX a attachées à l'Œuvre des pèlerinages. Voilà ce que vous voudrez faire à Sion.

Vous y serez témoins des honneurs rendus à l'image vénérée de la T.-S^te Vierge, devant laquelle tant de générations ont prié; vous y assisterez à une cérémonie qui a sa place parmi les plus solennelles de la liturgie catholique et dont l'histoire est contenue dans les plus vénérables monuments de la tradition ecclésiastique. Ce n'est point, en effet, de nos jours que date l'usage de couronner les images de la T.-S^te Vierge. Il faut remonter jusqu'aux premiers siècles de l'Eglise pour en trouver l'origine.

La couronne ayant de tout temps désigné la royauté, la puissance et la gloire, il vint de bonne heure à la pensée des hommes de consacrer à Dieu et à son culte, ce symbole qui est, en effet, à sa véritable place, lorsqu'il sert à glorifier Celui à qui seul appartient la royauté éternelle, la puissance infinie et la gloire sans partage. Admettant en participation de cet honneur, quoiqu'à un degré différent, les serviteurs de Dieu qui, par la sainteté de leur vie, ont cherché, autant qu'il est possible à des créatures, à imiter les perfections divines, l'art chrétien a, dès le temps des catacombes, représenté les Saints, la tête entourée d'une auréole, c'est-à-dire, d'une couronne.

Mais c'est surtout aux images de la T.-S^te Vierge, que cette distinction suprême a été appliquée. C'est qu'en effet, la Reine des Anges et

---

(1) Toutes les phrases de cet alinéa ont été relevées dans les considérants du jugement du Curé de Lixheim, et ont motivé l'assignation de l'Évêque de Nancy et sa condamnation par le tribunal de Saverne.

des Saints a des droits particuliers à la couronne. Les titres qui les consacrent sont déposés dans le trésor même des Saintes-Ecritures, « Assise, à votre droite, ô mon Dieu, comme le chante le Roi-Pro-« phète, *Astitit regina a dextris tuis*, c'est à cette Reine que vous avez « dit : Venez, ma fille, vous serez couronnée; » *Veni, filia, coronaberis.* « Descendez des sommets du Liban, » ô ma bien-aimée : *Veni de Li-bano*, et recevez la couronne que la Sainte-Trinité vous a préparée. Le Père couronne en vous sa Fille; le Fils, sa divine Mère ; le Saint-Esprit, son Epouse. Tous les diadèmes vous sont dûs, car vous avez résumé en votre personne tous les mérites et toutes les gloires : *Veni, coronaberis.* C'est sur votre tête radieuse que l'apôtre saint Jean, dans sa vision prophétique de Pathmos, a vu douze étoiles figurant l'Eglise et les douze apôtres qui l'ont fondée : *In capite ejus corona stellarum duodecim*, car la gloire de l'Eglise est aussi votre gloire et l'éclat de ses couronnes n'est pour ainsi dire qu'un reflet de la splendeur des vôtres.

« Avancez donc, ô Reine, dans la paisible possession de votre ma-« jesté et régnez : » *Intende, prospere procede et regna.* Pour vous, la couronne n'est pas un vain symbole ou un titre usurpé. C'est le plus légitime des honneurs, c'est la plus réelle des dignités. Portée sur les ailes des Anges, le jour de votre Assomption glorieuse dans le Ciel et jusqu'au pied du trône de votre divin Fils, c'est de ses mains que vous avez été ceinte du mystique diadème qui vous assigne un trône immédiatement au-dessous du trône de Dieu même, et nos mains qui ambitionnent de vous tresser ici-bas des couronnes, s'efforcent simplement d'imiter par un symbole visible les honneurs que vous avez reçus dans le Ciel.

Ces titres expliquent et justifient le soin que met l'Eglise à entourer la cérémonie du couronnement des images de la sainte Vierge, d'une solennité toute particulière.

Dé bonne heure la reconnaissance et l'amour des fidèles déposèrent des couronnes votives aux lieux des pèlerinages les plus fréquentés. De là, ces représentations si nombreuses et si variées où l'art chrétien s'est donné largement carrière et a produit tant de chefs-d'œuvre. De là, les encouragements accordés par l'Eglise à cette pieuse coutume; de là, les faveurs spirituelles dont les Souverains-Pontifes l'ont enrichie. Il y a plus, les Papes eurent souvent la dévotion de donner eux-mêmes à Marie ce témoignage singulier de leur piété, et en Italie surtout l'on vénère dans de nombreux sanctuaires, des images de la Reine des Cieux couronnées par les mains des Pontifes-Rois.

Dans le dessein de favoriser le mouvement de piété qui se traduisait par ces hommages délicats, une fondation célèbre faite au milieu du dix-septième siècle à l'insigne Chapitre de Saint-Pierre de Rome, mit à sa disposition, pour être employées à doter de couronnes votives les images de la Sainte-Vierge dans les lieux de pèlerinages les plus renommés de la Chrétienté des ressources importantes qui, jusqu'à notre époque, n'ont jamais été détournées de cet usage. C'est même au Chapitre de la Basilique Vaticane que le Saint-Père délègue, dans la plupart des cas, le pouvoir d'accorder des couronnes.

Toutefois, N. T.-C. F., en nous autorisant à couronner l'image de N.-D. de Sion, le Pape a bien voulu supprimer tout intermédiaire et c'est de lui directement et en vertu d'un bref spécial, que nous tenons ce privilége. Avec quelle bonté il nous l'accorda ! Nous nous souvenons encore des moindres incidents de l'audience que nous reçûmes à cette occasion. Nous commençâmes par rappeler au Saint-Père la faveur qu'il avait daigné faire à N.-D. de Bon-Secours, il y a quelques années ; plaidant ensuite la cause de N.-D. de Sion, nous exposâmes les titres du vénéré sanctuaire à l'honneur que nous sollicitions pour lui. Le Pape nous écoutait avec une attention bienveillante : « Nous n'avons « pas l'habitude, nous dit-il, de prodiguer cette faveur, et il me « semble, mon cher Fils, que vous l'avez déjà reçue.

« Il est vrai, Très-Saint-Père, lui répondîmes-nous, c'est la seconde « fois et à peu d'intervalle, que Votre Saintete honorerait de la sorte « un pèlerinage de la Lorraine, mais qu'Elle daigne se souvenir que « je n'étais pas évêque de Nancy, au moment du couronnement de « N.-D. de Bon-Secours. C'est donc la première fois qu'Elle m'accorde-« rait personnellement la grâce qu'Elle avait faite à mon vénéré prédé-« cesseur. »

Le Pape voulut bien ne pas insister davantage : il nous demanda de lui présenter un rapport et nous promit de nous adresser un bref apostolique qui nous fut, en effet, expédié un mois plus tard. Sa Sainteté daigna y ajouter une lettre particulière, signée de sa main, et mit le comble à sa bienveillance paternelle en nous disant dans sa dernière audience, avant notre départ de Rome, qu'il avait été heureux de nous être agréable et qu'il espérait, pour les fidèles de notre diocèse, un accroissement de dévotion pour la T.-S$^{te}$ Vierge, à l'occasion des fêtes qu'il venait d'autoriser.

Ces circonstances, N. T.-C. F., qui sont gravées dans notre mémoire et plus encore dans notre cœur, ont grandement ajouté au prix de la faveur accordée par le Saint-Père.

Ainsi, notre sanctuaire de Sion aura les mêmes honneurs que les sanctuaires les plus vénérés du monde. Ainsi, notre diocèse aura obtenu deux fois en huit années un privilége dont le Saint-Siége n'a jamais été prodigue.

Il est vrai, N. T.-C. F., Sion avait plus d'un titre pour le mériter. Vous savez votre histoire. Il nous plaît, cependant, de vous en rappeler les principaux traits.

Il y a près de neuf siècles, sur le sommet dominé aujourd'hui par la tour et la statue colossale qui signalent au loin le principal pèlerinage de la Lorraine, un des plus illustres évêques de Toul, saint Gérard, pressé, comme le raconte l'historien de sa vie, par une révélation dans laquelle la sainte Vierge lui fit connaître elle-même son désir de se voir honorée sur la montagne de Sion, érigeait une humble chapelle qui devint bientôt un centre de dévotion pour toute la contrée d'alentour. L'image de la Sainte-Vierge qu'il y plaça se rendit dès lors célèbre par de nombreux miracles.

Tout concourait à recommander ce lieu : la montagne de Sion qui domine au loin le pays, des Vosges au Jura, et ouvre d'immenses perspectives sur les plaines qui viennent rejoindre les côtes de Toul et les hauteurs voisines de Nancy, semblait prédestinée à devenir le centre de la dévotion de la Lorraine à la T.-S<sup>te</sup> Vierge. Il n'y avait pas jusqu'au nom de cette montagne, non mystérieux et sacré qui ne fût un présage ou une consécration, soit, comme quelques-uns le pensent, que ce nom ait existé avant l'érection du sanctuaire ; soit, d'après l'opinion la plus vraisemblable, que la langue populaire détournant le nom primitif de sa signification véritable ait été inspirée d'appeler Sion ces hauteurs sanctifiées par une église.

On se rappelait qu'il y avait eu ici, du temps de la domination de Rome, une forteresse protégeant toute la contrée ; saint Gérard y installa une protection plus efficace. Non loin de Sion, et séparés seulement par un ravin, les comtes de Vaudémont, cette illustre branche de la maison de Lorraine, avaient établi leur séjour. Aussi l'on peut dire que le double sommet de Sion résume toute l'histoire de la Lorraine puisqu'il a l'honneur de porter le passé religieux et politique de ce noble pays.

Les pauvres avaient été les premiers à porter leurs hommages au nouveau sanctuaire ; les riches et les puissants ne tardèrent pas à les suivre. Mais entre tous, les comtes de Vaudémont tinrent à honneur de se distinguer, et il est vrai que leur dévotion à la sainte Vierge les recommande autant que leurs vertus guerrières. L'église de Sion, voisine de leur château devint bientôt le but de leurs pèlerinages et de leurs largesses.

Vers l'an 1072, le premier comte de Vaudémont, Gérard, nom prédestiné dans l'histoire des bienfaiteurs du sanctuaire, consacrait à N.-D. de Sion, sa personne, sa famille et son peuple ; lui faisait hommage de son comté, se proclamait son serviteur et son feudataire et reconnaissant par acte authentique le droit de suzeraineté de la sainte Vierge sur le pays de Lorraine, exprimait le pieux désir que ses descendants et ses successeurs préférassent à tous leurs titres, celui de vassal de Notre-Dame.

Ce témoignage de la piété de Gérard de Vaudémont, reçut une consécration nouvelle par la résolution que prit le comte Ferri devenu, vers la fin du quatorzième siècle, chef de la maison de Vaudémont, d'instituer en l'honneur de la sainte Vierge un ordre spécial de chevalerie sur le modèle de ceux qui existaient alors. C'était en effet le temps où ces associations, à la fois religieuses et guerrières, créées au moment des croisades, jetaient le plus grand éclat et multipliaient dans l'Europe chrétienne, les traditions de l'honneur et du dévouement à toutes les saintes causes. S'inspirant de l'esprit des statuts qui régissaient les grands ordres militaires de la chrétienté, le comte Ferri entreprit, lui aussi, d'armer des *chevaliers de la T.-S<sup>te</sup> Vierge.*

C'est le lendemain de la fête de Noël, de l'année 1393, que se fit cette inauguration mémorable. A dater de ce jour, les plus grands personnages de la Lorraine ambitionnèrent l'honneur de porter les couleurs de N.-D. de Sion, et s'engagèrent par serment à la défendre contre les hérétiques et les infidèles de tous les temps et de tous les pays. Long-temps après la mort du comte Ferri, cette façon militante de compren-dre et de pratiquer le culte de la T.-S^te Vierge, fut celle de la Lorraine. Cette province ne s'épargna point, on le sait, à prouver sa dévotion à Marie. Elle lui prodigua, en effet, les noms les plus tendres à la fois et les plus gracieux. C'est ainsi qu'elle l'appelait *la Protectrice de la Lor-raine*, *le Trésor du peuple*, *la Reine de la Paix*, *Notre-Dame*, en un mot ; car ce nom populaire qui rappelle les traditions courtoises de la cheva-lerie au moyen-âge, était et demeurera toujours le nom par excellence de la *Dame* du Ciel à laquelle les chevaliers de Sion avaient *voué leur pensée* et fait hommage de leurs personnes.

Tant de piété mettait, ce semble, la mère de Dieu dans la douce obli-gation de montrer, par des preuves décisives, sa puissance et son amour pour le peuple de Lorraine. Marie n'y manqua point. Sans parler des nombreux miracles dus à son invocation et dont on peut lire les récits dans l'histore spéciale du pèlerinage (1), une des marques les plus déci-sives de la protection de la T.-S^te Vierge, fut d'avoir préservé la Lorraine de l'hérésie, sur la fin du seizième siècle et au commencement du dix-septième. Pendant que ce fléau s'abattait sur les plus belles provinces de France, traînant à sa suite la guerre civile, le pillage et l'incendie, votre beau pays, N. T.-C. F., avait le bonheur de rester attaché à l'E-glise catholique. Les historiens de Sion en rapportent un fait mémora-ble. Le prince d'Orange, fougueux hérétique, ayant subitement envahi le comté de Vaudémont, était entré avec ses soldats dans l'église de Sion, pour la livrer au pillage ; mais la seule vue de la statue miracu-leuse suffit pour arrêter son bras. Dompté par la vertu puissante qui s'en échappait, il fit mettre bas les armes à ses soldats et s'avouant vaincu, rentra dans ses quartiers.

Quelques temps après, s'ouvrait pour la Lorraine une ère de calami-tés sans nombre, au sein desquelles devait éclater la protection de N.-D. de Sion, sur sa chère province. C'était la guerre de Trente ans qui a accumulé dans notre pays tant de ruines. LES SUÉDOIS AVAIENT BRULÉ DES VILLAGES ENTIERS, PROFANÉ LES ÉGLISES, RENVERSÉ LES MONUMENTS LES PLUS CHERS A LA FOI CHRÉTIENNE, LAISSANT LE PEUPLE EN PROIE A LA PESTE, A LA FAMINE ET A CETTE SECRÈTE ET INCURABLE AMERTUME QUI MONTE AU COEUR D'UNE NATION GÉNÉREUSE ET FIÈRE, LORSQUE, TRAHIE PAR LA FORTUNE DES ARMES, ET ENCORE PLUS HUMILIÉE QUE VAINCUE, ELLE SE SENT IMPUISSANTE A PRENDRE SA REVANCHE (2).

Dans cette effroyable détresse dont le souvenir survit même à nos désastres récents, la Lorraine eut recours à la Consolatrice des affligés, à celle qu'elle saluait à Sion, sous le nom de *Protectrice*. Un conseil de ville fut tenu à Nancy : on y délibéra sur les moyens à prendre pour mettre fin aux malheurs de la guerre. Le moyen qui parut le plus effi-cace, puisque tous les secours humains manquaient à la fois, ce fut de

---

(1) *Histoire du pèlerinage de Sion*, par le R. P. Vincent. — *Id.* par le P. Trouillot.
(2) Toutes les parties de cet alinéa, commençant par LES SUÉDOIS jusqu'au mot REVANCHE, indiquent les passages qui ont été cités mais que l'accusation n'a pas relevés.

faire un pèlerinage à Sion. C'était la seconde fois, en vingt années, que l'on voyait une ville entière s'acheminer avec ses magistrats, vers la Sainte Montagne. Le *Corps de ville*, comme on disait alors, députa ses notables qui déposèrent en son nom aux pieds de l'image vénérée une lampe d'argent aux armes de Nancy et s'engagèrent par vœu à renouveler tous les ans leur pèlerinage, ce qu'ils firent en effet jusqu'aux jours de la Révolution. C'est ainsi que nos pères, dans les calamités publiques de leurs temps, comprenaient la nécessité de faire des actes publics de Foi.

Des prières si humbles méritaient d'être exaucées: la guerre s'apaisa et une paix fut signée qui rendait la Lorraine à ses destinées sans mutiler son territoire. L'allégresse alors fut au comble, et les sentiers de Sion d'où était descendue l'espérance, furent de nouveau envahis par des foules reconnaissantes qui les remontaient pour y remercier la *Reine de la Paix*. HÉLAS ! C'ÉTAIT LE TEMPS OU L'ON POUVAIT SE RÉJOUIR D'AVOIR CONCLU LA PAIX. DES PENSÉES ÉLEVÉES ET GÉNÉREUSES DOMINAIENT ALORS DANS LES CONSEILS DE L'EUROPE, ET GRACE AUX TRADITIONS CHRÉTIENNES DONT LA POLITIQUE ÉTAIT ENCORE PÉNÉTRÉE, LES EXIGENCES DU DROIT DE LA FORCE ÉTAIENT CONTENUES PAR LE RESPECT DE LA FORCE DU DROIT (1).

Cependant la physionomie des institutions dont les souverains de Lorraine avait doté le pèlerinage national de Sion, se modifiait peu à peu. A la Chevalerie, cette association du moyen-âge, avaient succédé les Confréries, cette Chevalerie des temps nouveaux. Il y en avait trois à Sion : en l'honneur du T.-S. Sacrement, du S. Rosaire et du S. Scapulaire, trois foyers, le premier surtout, d'où rayonnaient l'esprit et les habitudes chrétiennes sur toute la contrée, et qui entretenaient la vie publique du pèlerinage. En même temps, Sion voyait s'agrandir son enceinte devenue trop étroite. Stanislas, roi de Pologne, posait en 1741 la première pierre de l'église qui subsiste encore aujourd'hui, et les religieux du Tiers-Ordre de St-Francois ou Tiercelins, qui desservaient le pèlerinage, ne pouvant alors satisfaire la dévotion des fidèles, demandaient à leur maison de Nancy, située derrière l'église primatiale, de leur envoyer des renforts.

Telle était la prospérité de Sion au moment de la Révolution française. Mais une telle gloire était trop saintement populaire pour que la République de 1793 la respectât. Elle fit là ce qu'elle faisait ailleurs; les religieux furent chassés, le sanctuaire dépouillé des témoignages séculaires de la piété des Lorrains, et la statue miraculeuse brisée. Cependant, une pieuse famille en recueillait secrètement les débris et les cachait dans sa maison pour les soustraire aux dernières profanations qu'on méditait contre eux. Plus tard, un modeste oratoire élevé sur le territoire de Chaouilley, abrita ces souvenirs et rènoua la tradition interrompue de saint Gérard pour la transmettre à ses derniers successeurs.

Il est raconté dans nos Livres Saints, que l'arche du Seigneur fut pour la maison d'Obédédom qui eut l'honneur de lui donner asile, une

_______________

(1) Cité par le ministère public, non relevé par l'accusation.

source de bénédictions. Puissent les respectables restes de l'antique statue de Sion couvrir aussi de protection et de bonheur les descendants de ceux qui s'honorent de les avoir disputés à l'impiété de leurs contemporains !

Lorsque la tempête révolutionnaire fut passée, des mains zélées s'appliquèrent à relever les ruines du sanctuaire, comme l'avaient fait, pour le temple de Jérusalem, les enfants d'Israël au retour de la captivité. Les peuples qui avaient oublié pendant plus de dix ans la sainte Montagne, se reprirent à lever les yeux vers elle et à en suivre encore les sentiers. Une nouvelle statue, celle-là même que le Saint-Père veut bien nous autoriser à couronner, remplaça la statue posée par saint Gérard. Comme l'ancienne, elle représente la Vierge-Mère. L'Enfant Jésus qu'elle porte dans ses bras, étend une de ses petites mains vers une colombe posée sur le sein de Marie, et élève l'autre vers le ciel. Touchant symbole du mystère de l'Incarnation, si cette colombe est l'image du Saint-Esprit ! Figure non moins consolante, si l'on y veut voir représentée l'âme coupable qui se réfugie dans le sein de la Mère de miséricorde !

Une dernière épreuve était réservée au sanctuaire de Sion. L'hérésie et le schisme qui l'avaient épargné, il y a trois siècles, vinrent de nos jours s'asseoir à ses portes et réussirent à recruter des prosélytes. Il sembla dès lors qu'un vent brûlant venu du désert, eût desséché la sainte Montagne. Sans doute, ses flancs se couvraient encore de riches moissons, et la fertilité des campagnes qui l'environnent n'avait point diminué ; mais le pèlerinage était solitaire. On sentait que la mort avait passé par là. « Les sentiers de Sion pleuraient, comme dit le « prophète Jérémie, parce que personne ne venait plus à ses solen- « nités » : *Viæ Sion lugent, eo quod non sint qui veniant ad solemnitatem ;* « ses prêtres gémissaient », *sacerdotes gementes* ; « les ennemis de Sion avaient établi leur domination sur la sainte Montagne » : *Facti sunt hostes ejus in capite ;* « et la Fille de Sion avait perdu toute sa beauté » : *Et egressus est à filia Sion omnis decor ejus* (1).

Les pleurs des vieillards qui se souvenaient de l'ancien temple ne tarissaient plus : *Flevimus, cum recordaremur Sion* (2). « La sainte Cité, « disaient-ils, est devenue déserte, Sion s'est changée en une solitude « désolée » : *Civitas Sancti facta est deserta, Sion deserta facta est* (3). Il n'y avait pas jusqu'aux abords du sanctuaire, jusqu'aux bâtiments qui l'entourent, dont l'abandon ne fût un signe manifeste du passage de la malédiction de Dieu. En voyant ces ruines croulantes, on se souvenait des paroles du prophète Isaïe : *Sion sera délaissée comme un abri de feuilles sèches, dans une vigne, après la vendange, comme une ville livrée au pillage* (4).

Mais Dieu avait sur la sainte Montagne des desseins de miséricorde, et il devait choisir encore Jérusalem pour demeure : *Miserebitur Dominus Sion, et eliget adhuc Jerusalem.* La sainte Vierge devait justifier, dans notre temps, comme elle l'a fait dans tous les siècles, les louanges

<hr>

(1) Thren. i. 4-6. — (2) Ps. cxxxvi, 1. — (3) Is. lxiv, 10. — (4) Is. i, 8.

que lui décerne l'Eglise, lorsque, dans sa sainte liturgie, elle s'écrie :
« Vous seule, ô Marie, vous avez écrasé les hérésies dans le monde
entier » : *Tu sola hæreses confregisti in universo mundo.*

Le vieux pèlerinage lorrain ne devait plus être longtemps aux mains
de ceux qui avaient détruit sa splendeur.

C'est dans ces douloureuses circonstances qu'un de nos vénérables prédécesseurs eut la pensée de le relever. Hélas ! il ne s'agissait pas seulement de remettre des pierres sur leurs bases : bien des âmes avaient
été ébranlées, il était urgent de les remplacer dans le centre de l'unité.
Pour cette tâche difficile, Mgr Menjaud fit appel au zèle éprouvé d'une
pieuse congrégation dont la mission est d'évangéliser les pauvres et de
fournir, pour ainsi dire, une gardé d'honneur aux lieux de pèlerinage.
Nous savons, pour en avoir été témoin, au prix de quelles privations
et de quelles fatigues les RR. PP. Oblats de Marie-Immaculée ont
réussi à rendre à Sion son ancienne gloire. Deux ans à peine s'étaient
écoulés que, grâce à leur zèle, l'hérésie, autrefois en possession des
abords même du sanctuaire, abandonnait ses derniers retranchements.
Encore quelques années, et l'infatigable activité de l'excellent religieux (1) qui a dévoué sa vie à N.-D. de Sion, devait achever la res-
tauration du sanctuaire, en recueillant des aumônes dans toute la Lorraine, presque dans toute la France, à Metz surtout, dont le généreux
concours a si puissamment secondé son œuvre laborieuse. Par ses soins
est enfin terminée cette tour projetée depuis tant d'années, piédestal
gigantesque de la colossale statue de l'Immaculée-Conception dont les
bras étendus semble reprendre possession de la contrée en la bénissant.
Par ses soins ont disparu les derniers vestiges des ruines qui attris-
taient le sommet de Sion, et l'antique monastère des Tiercelins est re-
devenu l'asile des nouveaux gardiens du sanctuaire régénéré.

Une dernière gloire, et celle-là la plus considérable, manquait à
N.-D. de Sion. Il appartenait à l'auguste Pie IX de la lui assurer. C'est
lè Vicaire de Jésus-Christ qui aura mis le sceau à l'œuvre réparatrice.
C'est lui qui aura consacré la vie nouvelle du pèlerinage régénéré ; aussi,
en voyant les paternelles préférences du Saint-Père, l'on dira désormais
que le Seigneur aime Sion plus encore que les tabernacles de Jacob :
*Diligit Dominus Sion super omnia tabernacula Jacob* (2). C'est de Sion que
de nouveau sortira la loi de grâce et de miséricorde : *De Sion exibit
lex* (3), ainsi que le proclamait, avec un accent prophétique, il y a plus
de quarante ans, un de nos illustres prédécesseurs qui avait, lui aussi,
sur Sion, de grands desseins, mais que les évènements ne lui permi-
rent pas d'accomplir. « Réjouissez-vous donc, fille de Sion » : *Lætare,
filia Sion*, « tressaillez d'allégresse, répandez-vous en hymnes de
joie » : *Exulta satis, filia Sion, jubila, filia Jérusalem* ; c'est le Seigneur
qui vous a rétablie dans toute votre gloire ; c'est le Seigneur seul qui
pouvait opérer un si grand prodige, après un si grand abaissement :
*ædificavit Dominus Sion* (4). « Il vous a choisi de nouveau pour sa
« demeure » : *elegit Dominus Sion in habitationem sibi.* « Que ceux-là

---

(1) Le R. P. Michaux. — (2) Ps. LXXXVI, 1. — (3) Is. II, 3. — (4) Ps. CI, 17.

« donc soient remplis d'une confusion salutaire qui nourrissaient contre
« Sion des pensées de haine ». : *confundantur omnes qui oderunt Sion.*
Sion, nom prophétique et doux qui rappelle les plus grands souvenirs
de l'histoire du peuple de Dieu et les plus grands miracles de l'Evan-
gile ; Sion, qui avez abrité David, sa pénitence et ses larmes ; Sion où
s'élevait le Cénacle, lieu de l'institution de la divine Eucharistie et de
la descente du Saint-Esprit sur les Apôtres ; Sion ! que Dieu bénisse
toujours son peuple du haut de vos sommets : *Benedicat vos Dominus
ex Sion !* (1)

Que nous reste-t-il maintenant à dire, N. T.-C. F., sinon à vous
prier, de vous unir aux saints empressements que suscitera la grande
journée du couronnement de N.-D. de Sion ? C'est un pèlerinage, et ce
mot seul en dit assez à ceux qui ont palpité comme vous aux récits de
ces saintes manifestations de la prière publique où la France tout
entière semblait de nouveau marcher à Dieu. C'est un pèlerinage, et
Notre Saint-Père le Pape daignait approuver solennellement, il y a peu
de jours, la pensée de consacrer un mois entier à ces voyages pacifiques, et récemment, il a bien voulu permettre aux fidèles de notre
diocèse de gagner à l'époque fixée pour le pèlerinage de Sion, les indul-
gences qu'il a accordées pour une autre date. C'est un pèlerinage lorrain, et qui est pour ainsi dire à vos portes. Sans doute, il y a mérite
et profit à s'engager dans les expéditions lointaines de la piété catholique qui semble aujourd'hui ne plus connaître les distances. Il est
beau de les rencontrer, ces pieuses troupes de pèlerins, sur les chemins
de Lourdes et de Chartres, de la Salette et de Paray-le-Monial ; mais
tous ne peuvent tenter de pareilles entreprises. La santé ou le temps,
l'insuffisance des ressources ou les exigences impérieuses du devoir ne
permettront jamais qu'au petit nombre de laisser leur pays si loin
derrière eux. La Providence, en plaçant à l'horizon même des lieux de
votre naissance une église illustrée par tant de miracles et depuis tant
de siècles, vous invite à ne la point négliger.

**Et quel temps plus propice pour demander à Dieu ses grâ-
ces ! Après une guerre formidable qui a désolé notre chère
Lorraine et une paix désastreuse qui l'a mutilée ; au lendemain
du départ des soldats étrangers qui FOULAIENT (2) depuis
trois ans notre sol, qu'il sera à propos de mêler aux chants de
la délivrance, les prières du repentir et de se prosterner dans
la douleur, afin de se relever dans l'espérance (3) !**

Et déjà, N. T.-C. F., tout se prépare pour cette grande solennité. Les
évêques suffragants de l'antique métropole de Besançon nous ont promis
d'être tous là avec notre éminent cardinal. Il viendra aussi des îles lointaines, des régions glacées du Canada et des solitudes brûlantes de l'A-
frique des évêques missionnaires fils de la pieuse congrégation qui
veille sur Sion. Il sera là le clergé de notre diocèse qui a tant désiré
voir ce jour, et qui a tant travaillé à le préparer : les diocèses voisins,

---

(1) Ps. cxxvii, 5. — (2) Ce mot et tous les autres imprimés dans le même caractère dans
ce passage et les autres ont été particulièrement incriminés par le ministère public. —
(3) Cité par l'acte d'accusation.

surtout celui qui confine à la montagne de Sion nous enverront des députations importantes. Les religieux et les religieuses de tous les ordres, ces auxiliaires dévoués de tous nos travaux, répondront au désir que nous avons de les voir tous représentés en grand nombre. Mais ce qu'on verra surtout, c'est l'affluence des pèlerins accourant de tous les lieux où le sanctuaire de Sion a conquis sa sainte popularité. De toute notre province il nous semble en effet qu'on s'ébranle déjà vers la montagne sainte. Les villes, les associations pieuses, les confréries et les congrégations de ce diocèse et des lieux voisins préparent déjà des bannières qui resteront suspendues dans l'église de Sion, comme celles qu'on a envoyées à Paray-le-Monial, et transmettront aux générations futures la mémoire de ce grand jour. **A coté des bannières de Nancy, marcheront, douloureux souvenir, celles de nos deux INFORTUNÉES SŒURS Metz et Strasbourg** (1). Toul, le siége antique de saint Gérard, ce grand évêque qui fonda Sion, Toul, que l'on appelait autrefois: « la pieuse, l'antique et la fidèle »; *Pia, prisca, fidelis,* aura ses armes et sa devise sur son étendard, Badonviller et Baccarat, Gerbéviller et Vaucouleurs se préparent. Lunéville et Pont-à-Mousson ne resteront pas en arrière; à leur suite, viendront aussi, on nous l'apprend, de nombreuses paroisses où la dévotion à la T.-S$^{te}$ Vierge, dévotion active et militante, comme elle l'était du temps de nos pères, se signale tous les jours par d'admirables œuvres de zèle. En un mot, une émulation sainte d'ajouter aux honneurs que nous préparons pour la fête du couronnement de la *Protectrice de la Lorraine* s'est emparée de tout ce pays sans même que nous ayons eu besoin de l'exciter. Au frémissement qui agite tous les cœurs, à l'attente anxieuse de ceux qui paraissaient hier les moins empressés, il est aisé de s'apercevoir que la dévotion de la Lorraine médite de se manifester comme dans les anciens jours.

Mais ces signes extérieurs de piété, tout consolants qu'ils soient, ne suffiraient pas, s'ils ne s'unissaient à une dévotion sincère et de cœur. Car la vertu des pèlerinages ne consiste pas dans l'éclat des cérémonies publiques, pas plus que la religion n'est contenue tout entière dans le culte extérieur. Il y faut d'autres éléments : Une foi vive, un véritable esprit de prière et la purification de la conscience par l'humble réception des sacrements. C'est à rendre la vie meilleure et plus chrétienne ; c'est à atteindre le fond de l'âme par des émotions saintes et non à l'effleurer par des impressions passagères ; c'est à renouveler le peuple fidèle dans l'amour et la pratique de tous ses devoirs et non à satisfaire sa curiosité par l'attrait des fêtes brillantes ; c'est à ce but élevé que tend l'esprit des pèlerinages. Tel est leur sens véritable, telle est la raison de leur utilité.

C'est dans cet esprit sérieux et chrétien, N. T.-C. F., que vous entreprendrez le pèlerinage de Sion ; la divine Vierge que vos pères appelaient *le Trésor du peuple Lorrain, la Protectrice de leur pays et la Reine de la paix* justifiera une fois de plus ces titres glorieux, en obtenant de Dieu pour vous, pour vos enfants et vos familles, pour vos intérêts,

(1) Cité par l'acte d'accusation.

surtout pour les intérêts de vos âmes, les grâces dont vous avez tous besoin.

Ces grâces, N. T.-C. F., nous les demanderons aussi pour l'Eglise et pour la Patrie. Pour l'Eglise, afin que Dieu daigne la consoler dans ses épreuves et ramener dans son sein ses enfants qui s'égarent : pour l'Eglise, afin que mieux connue et plus aimée, elle désarme les préventiens de ceux qui l'ignorent, et la haine de ceux qui la blasphèment : pour l'Eglise, afin que son Chef auguste et vénéré, auquel notre pèlerinage de Sion devra sa suprême splendeur, soit enfin délivré des maux qui l'accablent, et que son règne miraculeux, déjà prolongé au-delà des années accordées à ses prédécesseurs, dure encore assez longtemps pour être témoin de la fin des persécutions et du retour à Dieu des persécuteurs. **Pour la PATRIE, afin que ramenée à Dieu par l'excès même de ses malheurs, elle trouve dans l'amertume de ses humiliations un avertissement à ne plus retomber dans les fautes qui les lui ont values : pour la PATRIE, afin qu'elle mérite de voir bientôt se lever sur elle des jours meilleurs, et que les revendications qu'elle désire, elle se les assure d'abord par sa foi : pour la PATRIE, afin que les cruelles séparations que lui a imposées la guerre ne soient pas sans espoir, et que des sommets de Sion l'horizon ne soit pas à jamais borné par une frontière (1).**

Voilà, N. T.-C. F., les vœux que nous porterons au sanctuaire de Notre-Dame de Sion. Que Dieu daigne les exaucer dans toute leur étendue !

A ces causes, le saint Nom de Dieu invoqué, et après en avoir conféré avec nos vénérables Frères, les Chanoines et Chapitre de notre Eglise Cathédrale,

Nous avons ordonné et ordonnons ce qui suit :

### Article Ier.

Le couronnement solennel de la statue de Notre-Dame de Sion, aura lieu le mercredi dans l'Octave de la Nativité de la B. V. Marie, dix septembre prochain, par les mains de son Eminence Monseigneur le Cardinal MATHIEU, Archevêque de Besançon, notre vénérable Métropolitain, assisté de tous les Evêques de la province ecclésiastique.

### Article II.

Nous convoquons à cette cérémonie notre vénérable Chapitre, à qui il sera réservé une place spéciale, MM. les Curés et Prêtres du Diocèse, soit isolés, soit avec leurs paroisses et les Confréries et les Associations pieuses et de charité qui existent. Nous invitons également les Communautés religieuses et nous serons heureux de voir chacune d'elles représentée au moins par une députation.

(1) Particulièrement cité par l'acte d'accusation.

### ARTICLE III.

Nous exhortons les fidèles de notre Diocèse à assister à cette cérémonie et à se mettre eux, leurs familles et leurs intérêts spirituels et temporels, sous la protection de la très-sainte Vierge.

### ARTICLE IV.

Nous avons chargé spécialement de l'organisation de la Fête, le R. P. Michaux, des Oblats de Marie, qui se fera assister d'une Commission agréée par nous. En conséquence, c'est au R. P. Michaux qu'on devra s'adresser pour obtenir tous les renseignements qui concernent la cérémonie, ses préparatifs et sa célébration. C'est à lui aussi que les personnes, communautés ou paroisses, qui voudraient offrir des bannières au sanctuaire de Sion, à l'occasion de la cérémonie, devront donner leur nom. Nous exhortons tous ceux qui seraient dans ces intentions, à ne point tarder à prendre les moyens de les réaliser, à raison du peu de temps dont nous disposons d'ici au jour de la fête.

### ARTICLE V.

Nous nous réservons de publier, vers la fin du mois d'août, un dispositif complet réglant l'ordre et les détails de la cérémonie.

Et sera notre présent Mandement lu et publié dans toutes les églises et chapelles de notre diocèse, le dimanche, 3 août.

Donné à Nancy, sous notre seing, le sceau de nos armes et le contreseing du Secrétaire général de notre Evêché, le 26e jour de juillet de l'an 1873, en la fête de sainte Anne.

† JOSEPH, *Evêque de Nancy et de Toul.*

Par mandement de Monseigneur :

BURTIN,
*Chan. hon., Secrétaire général.*

Pour compléter le dossier que nous mettons sous les yeux du public, nous ne pouvons mieux faire que de reproduire un article du *Journal de Meurthe-et-Moselle.* On verra que Mgr Foulon a fait tout ce qui a dépendu de lui pour épargner à ses prêtres, de la partie annexée de son diocèse, la condamnation qui les a frappés :

« Le mot *réprimande* dont s'est servi la *Gazette nationale* de Berlin pour qualifier la communication officielle de M. le ministre des cultes français à Mgr l'Evêque de Nancy n'est nullement exact, comme peuvent suffisamment l'établir les détails suivants, dont nous sommes en mesure d'affirmer l'entière exactitude.

« Dès qu'il eut appris que le gouvernement allemand se proposait de poursuivre ses prêtres Mgr l'Evêque de Nancy pria M. le Ministre des cultes de vouloir bien intervenir auprès de l'ambassadeur d'Allemagne à Paris, persuadé qu'une simple conversation suffirait à faire paraître sous leur véritable jour les circonstances de la publication et de la lecture en chaire de sa lettre pastorale.

« M. Batbie partagea cet avis et répondit à l'Evêque, en date du 11 novembre : « Je ne manquerai certainement pas de me faire auprès du gouvernement allemand l'interprète de vos sentiments généreux. »

« M. le Ministre croyait certainement alors, comme tout le monde, qu'une affaire aussi simple n'avait pas besoin de longues négociations. Il fit part en même temps à Mgr de Nancy des observations que le gouvernement allemand lui avait faites au sujet du mandement incriminé ; ce qui fut fait dans les termes les plus courtois et non sur le ton de *réprimande* que suppose la *Gazette nationale* de Berlin, et qui n'est nullement dans les habitudes de la correspondance des ministres avec les évêques. En même temps, l'Evêque de Nancy écrivait à M. le président de Metz, comte d'Arnim, parent de l'ambassadeur d'Allemagne, la lettre suivante :

ÉVÊCHÉ DE NANCY ET DE TOUL.

Nancy, le 7 novembre 1873.

Monsieur le président,

J'ai été informé ces jours derniers qu'un grand nombre des curés de mon diocèse qui exercent le saint ministère dans les territoires cédés à l'Allemagne, et notamment dans l'ancien arrondissement de Château-Salins, auraient été cités devant les juges de paix de leurs cantons respectifs pour avoir à s'expliquer sur la lecture qu'ils auraient faite en chaire d'un mandement publié par moi le 26 juillet dernier, et relatif à une cérémonie religieuse qui a eu lieu le 10 septembre suivant dans l'église de Notre-Dame de Sion.

Je n'ai point à justifier ici cet acte épiscopal, dont j'apprends que plusieurs expressions auraient été incriminées, ni à vous assurer des intentions absolument pacifiques dans lesquelles je l'ai fait ; mais vous me permettrez de vous exprimer la véritable peine que j'éprouve de voir mes prêtres menacés de poursuites judiciaires à l'occasion d'un fait dont j'ai le devoir de revendiquer pour moi seul la responsabilité.

Quant à cette responsabilité, monsieur le président, je ne crois pas avoir besoin de protester contre les interprétations qu'on a voulu donner à ma lettre pastorale et de désavouer hautement les conclusions que l'on voudrait en tirer. Je le fais néanmoins, et je dépose avec confiance cette protestation entre vos mains, assuré que je suis de votre haute impartialité.

Veuillez, monsieur le président, agréer l'assurance de mon respect.

Signé : † JOSEPH, évêque de Nancy.

M. le comte d'Arnim faisait à l'Evêque de Nancy la réponse suivante en date du 13 novembre :

LETTRE DU PRÉSIDENT DE LA LORRAINE.

Metz, le 13 novembre 1873.

J'ai l'honneur de faire connaître à Votre Grandeur, en réponse à sa lettre du 7 de ce mois, que l'affaire dont il est fait mention étant une affaire judiciaire, échappe entièrement à mon action, et que dès lors il ne m'appartient pas de me livrer à une appréciation quelconque des effets que pourrait produire votre protestation.

Abstraction faite de ce qui précède, je ne suis pas en ce moment en situation de me rendre compte de l'affaire dont il s'agit, attendu que le document incriminé, — la lettre pastorale publiée par Votre Grandeur au mois de juillet dernier, — n'est pas en ma possession.

Je ne puis, en conséquence, que vous laisser le soin de me la faire parvenir, si vous le jugez à propos.

Le président de la Lorraine,<br>Signé : Comte D'ARNIM.

Naturellement, l'Evêque de Nancy ne crut pas utile de communiquer à M. d'Arnim son mandement; mais il communiqua au Ministre des cultes sa lettre et la réponse du président de Metz.

Je dépose avec confiance entre vos mains, disait l'évêque au ministre, à la date du 24 novembre, les intérêts de mes prêtres. Je me persuade que votre intervention bienveillante suffira pour apaiser enfin cette agitation calculée. Vous savez mieux que personne que je n'en suis pas l'occasion. Permettez-moi cependant, monsieur le ministre, de vous remercier de ce que vous avez cru devoir faire. Quand à moi, j'ai dû me taire et dévorer patiemment l'amertume de me voir traduit de cette sorte devant l'opinion. Il y a des nécessités qu'il faut subir et des circonstances devant lesquelles on doit savoir s'incliner. Je n'ai pas même réfuté l'assertion absolument fausse d'après laquelle j'avais écrit un mandement spécial dans le but de demander des prières pour le retour de Metz et de Strasbourg à la France.

Vous n'ignorez pas, monsieur le ministre, que ma lettre pastorale du 26 juillet se rapportait à un tout autre objet. Je ne refuterai pas davantage les appréciations injustes et malveillantes auxquelles je me trouve en butte depuis quelques jours dans la presse allemande. Les questions personnelles doivent céder le pas devant l'intérêt général, et le droit que j'aurais de me défendre est dominé par le désir de m'abstenir en face de la situation cruelle que les évènements ont faite à mon cher et malheureux pays.

C'est au lendemain de la date de cette lettre que la composition du ministère fut modifiée. M. de Fourtou, le nouveau ministre des cultes, écrivit à Mgr l'Evêque, en date du 12 décembre, une lettre dans laquelle il l'informait de nouveau que les mesures prises contre les ecclésiastiques de la partie annexée de son diocèse « avaient été l'objet de communications officieuses entre le ministre des affaires étrangères et l'ambassadeur d'Allemagne à Paris, » et qu'il espérait « que la connaissance que le cabinet de Berlin avait eue de ces communications officieuses influerait d'une manière favorable sur ses dispositions. »

Nous savons aujourd'hui comment ces espérances se sont réalisées. M. le ministre terminait, il est vrai, en disant qu'il était convaincu que toute nouvelle insistance de la part du gouvernement irait contre le but qu'on se propose.

L'affaire en resta là jusqu'au mois de mars 1874, époque à laquelle furent cités devant le tribunal de Metz, trente-huit ecclésiastiques de l'archiprêtré de Château-Salins. Cette citation a eu pour épilogue l'assignation faite à l'Evêque de Nancy de comparaître le 18 avril devant le tribunal de Saverne et sa condamnation, le 25, à deux mois de forteresse.

Paris. — E. DE SOYE et FILS, imprimeurs, place du Panthéon, 5.

www.ingramcontent.com/pod-product-compliance
Lightning Source LLC
Chambersburg PA
CBHW050724070726
47597CB00009B/3779